MAURICE CAZIN

Docteur ès Sciences

Chirurgien-Chef de l'Hôpital-Annexe du Val-de-Grâce N° 3

(École Polytechnique)

LA CURE SOLAIRE des BLESSURES DE GUERRE

(Méthode Rollier)

A. MALOINE ET FILS, ÉDITEURS

27 — RUE DE L'ÉCOLE-DE-MÉDECINE — 27

PARIS, 1917

LA CURE SOLAIRE
DES BLESSURES DE GUERRE

(Méthode Rollier)

MAURICE CAZIN

Docteur ès Sciences
Chirurgien-Chef de l'Hôpital-Annexe du Val-de-Grâce N° 3
(Ecole Polytechnique)

LA CURE SOLAIRE
des
BLESSURES DE GUERRE

(Méthode Rollier)

9 FIGURES ORIGINALES

A. MALOINE ET FILS, ÉDITEURS
27, RUE DE L'ÉCOLE-DE-MÉDECINE, 27.
PARIS, 1917

INTRODUCTION

Dans une visite faite à Leysin quelques mois avant la guerre, j'avais été véritablement émerveillé par les admirables résultats que donne, sous la direction de M. Rollier, le traitement héliothérapique des lésions ostéo-articulaires tuberculeuses. C'est que, en effet, comme l'a si bien dit notre éminent confrère suisse, ce traitement permet à l'organisme de réaliser des conditions idéales de défense : « il stimule la nutrition de tous les tissus; il active les échanges; il rend la peau à son milieu naturel dont on l'avait si longtemps sevrée et en fait plus qu'un instrument d'élimination et d'excitation : *un organe d'absorption chargé de puiser dans l'air et dans les radiations solaires toutes ces formes d'énergie dont hier encore nous ignorions l'existence.* »

L'héliothérapie, telle que le chirurgien de Leysin la préconise, « constitue la plus haute expression de l'orthopédie et de la chirurgie conservatrice. Elle évite les mutilations irréparables ; elle sauvegarde au maximum l'intégrité des fonctions articulaires ; elle conserve à l'organisme l'harmonie de ses lignes ; *elle rend à la vie active non plus des êtres incomplets, déjetés et difformes, mais des individus normaux, aptes au travail et à la lutte pour l'existence* (Rollier) (1). »

Après avoir vu comment guérissent les lésions ostéo-articulaires tuberculeuses traitées par *la cure d'air et de soleil*, il m'a semblé, comme à plusieurs confrères, qu'on pouvait admettre *à priori* qu'une méthode, capable de guérir les ostéites tuberculeuses, devait plus facilement encore guérir les lésions non tuberculeuses des os. Et en effet, les résultats que j'ai obtenus à l'Hôpital Complémentaire n° 3 fondé par Mme Andrée Messimy, et dans les hôpitaux auxiliaires 66 et 79, ont été tout à fait satisfaisants (2).

(1) Dr A. Rollier. *La cure de soleil*, Paris et Lausanne, 1914.

(2) Maurice Cazin. Traitement des plaies de guerre par l'héliothérapie totale. *Bull. et Mém. de la Soc. de Méd. de Paris*, octobre 1916, p. 235.

La méthode de Rollier, basée sur le principe de l'*héliothérapie totale*, est bien différente de celle que Poncet appliquait au traitement local des tumeurs blanches, en faisant agir les rayons solaires sur l'articulation malade, à travers une brèche plus ou moins large ménagée dans un appareil plâtré immobilisateur. Dans la méthode d'héliothérapie générale de Rollier, il ne s'agit pas seulement de l'insolation localisée, c'est à un véritable bain d'air, de lumière et de chaleur qu'est soumis l'organisme tout entier, les malades étant exposés, *entièrement nus*, à l'action de l'air et de la lumière, et cela *même quand il n'y a pas de soleil apparent*. L'héliothérapie, telle que M. Rollier la conçoit, est donc un traitement général dans lequel l'air et les rayons lumineux et caloriques du soleil associent leur action.

En dehors des effets locaux, pour lequels, en ce qui concerne notamment les trajets fistuleux et les ulcérations tuberculeuses, on a pu, non sans exagération, invoquer l'action bactéricide bien connue du soleil, l'influence du bain d'air et de lumière sur l'état général se traduit par une augmentation de poids régulière, par la multiplication des globules rouges, par l'augmentation du taux de l'hémoglobine, par l'accroissement des échanges (1).

Déjà, bien avant la guerre, le Dr Rollier avait montré que *l'héliothérapie est incontestablement le traitement post-opératoire par excellence des ostéomyélites après trépanation.*

J'ai traité de même par l'héliothérapie totale, après avoir enlevé les séquestres et ouvert largement les cavités osseuses infectées, un assez grand nombre de fractures compliquées, de lésions osseuses fistuleuses, de moignons d'amputation atteints d'ostéite interminable. Chez des blessés qui depuis de longs mois continuaient à suppurer sans aboutir à une cicatrisation définitive, j'ai obtenu en quelques semaines, sous l'influence de l'héliothérapie totale, une guérison parfaite et la réparation complète de pertes de substance osseuse souvent considérables, grâce à la méthode et à la persévérance des dévouées collaboratrices chargées d'appliquer le traitement de Rollier, Mme Gombault, Infirmière-major à l'Ecole Polytechnique, et Mlle Petit, Infirmière-major à l'Hôpital auxiliaire 79.

(1) Maurice Cazin. Traitement des tumeurs blanches par l'héliothérapie. *Soc. des Chir. de Paris,* 27 mars 1914, *Paris Chirurgical,* t. VI, 1914, p. 437.

Fig. 1. — Blessés atteints de lésions osseuses, traités par l'héliothérapie totale, suivant la méthode de Rollier, à l'Hôpital auxiliaire 79, à Paris, pendant l'été de 1916. (Photo Domon).

En appliquant dans ces deux hôpitaux l'héliothérapie totale au traitement des plaies de guerre, nous avons eu soin de suivre très exactement la technique si bien réglée par le Dr Rollier, et qui est malheureusement trop souvent ignorée de ceux qui essayent d'avoir recours à l'héliothérapie.

A l'Hôpital auxiliaire 66, où les conditions d'installation ne permettaient pas d'employer l'héliothérapie totale, nous avons dû nous contenter de l'insolation locale, appliquée suivant une progression régulière, au point de vue de la durée, et l'action du soleil sur l'évolution des plaies a certainement contribué à leur guérison pour une part importante (fig. 2 et 3). Nous devons remercier à ce propos M. le Dr Magdelaine, médecin-chef, et M. le C[t] Besnard, administrateur de cet hôpital, qui ont bien voulu nous faciliter l'application de ce traitement.

En publiant ces quelques pages, nous voudrions, pour le plus grand bien de nos blessés, aider à la vulgarisation de cette merveilleuse méthode thérapeutique que constitue la cure solaire. Et il est à souhaiter que, devant les résultats obtenus, le service de santé prenne l'initiative de consacrer un certain nombre d'établissements sanitaires au traitement héliothérapique des lésions osseuses dans nos montagnes de Savoie, du Dauphiné et des Pyrénées, ou dans le Midi de la France. Cela diminuerait le nombre des blessés qui encombrent pendant de longs mois les hôpitaux militaires, subissant des interventions successives sans trouver la guérison. Si cette méthode était employée sur une grande échelle, comme elle mérite de l'être, il est certain que l'on en obtiendrait des résultats très importants.

HISTORIQUE

Sans remonter à l'époque de la mythologie classique, on peut dire que les Grecs et les Romains usaient couramment du bain de soleil, et que, au point de vue médical, Hippocrate, Celse, Galien recommandaient la cure solaire dans le traitement de certaines affections.

Mais, comme le fait remarquer très justement le Dr Armand-Delille, dans sa monographie sur l'héliothérapie (1), les principes d'hygiène que la civilisation antique avait mis en pratique disparurent après la chute de l'empire romain, et certainement en grande partie sous l'influence des tendances inspirées par le christianisme sur l'orientation purement spirituelle de l'existence humaine.

Il faut arriver au XVIIIe siècle pour voir quelques médecins chercher à utiliser le soleil en

(1) Armand-Delille. L'héliothérapie. *L'œuvre Médico-Chirurgical*, Dr Critzman Directeur. Paris, février 1914.

thérapeutique. C'est ainsi que Le Cat aurait guéri, en 1735, des ulcérations néoplasiques des lèvres par la chaleur solaire concentrée à l'aide de lentilles, de-même que Faure, en 1774, La Peyre et Lecomte, en 1776, obtinrent par ce moyen de bons résultats dans le traitement des plaies et des tumeurs.

Mais *la cure de soleil* correspondant à l'héliothérapie proprement dite n'est en réalité préconisée, pour la première fois dans la période moderne, que par Cauvin qui, en 1815, dans un ouvrage sur les *Bienfaits de l'insolation*, recommandait ce traitement pour « toutes les maladies asthéniques, toutes celles qui présentent comme principal caractère une faiblesse radicale, une déchéance de tous les systèmes organiques, et enfin certaines phlegmasies chroniques ».

Plus tard, Bonnet, dans son *Traité des maladies des articulations* (1845), fait de l'insolation un traitement agissant, dans les tumeurs blanches, directement sur les lésions ostéo-articulaires et en même temps sur l'état général des malades. Ollier et Poncet ont développé les mêmes idées, et ce dernier surtout préconisait dès 1898 l'exposition au soleil des tuberculoses chirurgicales et des *plaies atones*.

En ce qui concerne le rôle de l'héliothérapie dans le traitement des affections non tuberculeuses, nous devons rappeler une intéressante communication du Dr Bernhard (de Samaden) à la Société centrale des médecins suisses, en 1904, sur les résultats de la *cure solaire des plaies*, qu'il avait eu l'idée d'appliquer au traitement d'une *plaie abdominale* étendue, dans laquelle la rate était à nu et dont la cicatrisation n'avait pu être encore obtenue, malgré tous les antiseptiques employés. L'exposition de la plaie au soleil produisit en quelques jours une amélioration extraordinaire et la cicatrisation complète se fit ensuite très rapidement.

Ce fut dans cette même séance de la Société centrale des médecins suisses que M. Rollier exposa ses premiers résultats de l'application systématique de l'héliothérapie aux tuberculoses chirurgicales.

La même année, M. Revillet (de Cannes) publiait trois observations de résections osseuses pratiquées par Poncet pour des *traumatismes* graves et guéries par l'héliothérapie.

A partir de ce moment les travaux relatifs au traitement des lésions tuberculeuses par l'héliothérapie se sont multipliés, et nombreux sont actuellement ceux qui emploient la cure solaire dans cet ordre d'idées, soit en utilisant seulement le bain de soleil, soit en l'associant à la cure d'altitude ou à la cure marine.

La littérature ayant trait à l'emploi du bain de soleil dans le traitement des lésions non tuberculeuses est infiniment moins riche, mais cependant, dans son beau livre sur *La Cure de soleil*, M. Rollier signale les résultats intéressants qu'il a enregistrés dans un certain nombre d'affections, et notamment pour les *plaies traumatiques et les plaies opératoires* (1).

L'héliothérapie est pour lui « le traitement de choix des *plaies par traumatismes* à cause de l'action désinfectante et sclérosante des radiations solaires », et elle donne également d'excellents résultats pour les *fractures compliquées*. « Nous immobilisons, dit-il, le membre lésé au moyen de l'extension continue; la plaie est exposée au soleil et à l'air, et, dans ces conditions, elle se ferme rapidement et sans incident. »

Dans le traitement des *plaies opératoires*, l'héliothérapie lui a toujours donné des résultats

(1) Dr A. Rollier. *La cure de soleil*. Paris et Lausanne, 1914, p. 186.

certains et durables ; c'est ainsi qu'il a obtenu, « après appendicectomie ou herniotomie, lorsqu'il y avait persistance de fistules, une solide cicatrice avec fermeture des fistules. »

L'*ulcère variqueux* a fourni au chirurgien de Leysin de nombreuses guérisons par l'héliothérapie systématique ; « les malades se couchaient sur des chaises-longues, en plein champ, et exposaient progressivement leurs plaies au soleil, en ayant soin que leurs jambes fussent un peu surélevées. La guérison survint rapidement et, aujourd'hui, l'ulcère variqueux a pour ainsi dire disparu de Leysin. »

L'héliothérapie lui a « donné d'excellents résultats dans de nombreux cas de *panaris* nécrosés. Nous en avons vu plusieurs, dit-il, dans lesquels la nécrose très avancée et très étendue des phalanges, compliquée de phlegmons, semblait rendre l'amputation inévitable ». Tous ces cas, traités par l'insolation, ont guéri sans opération.

Le Dr Rollier, comme nous l'avons dit déjà, considère l'héliothérapie comme le *traitement par excellence des ostéomyélites banales*, après évidement large du foyer.

Enfin dans le domaine de la *chirurgie de guerre*, notre confrère estime que la cure solaire doit rendre d'immenses services. « Mieux qu'aucun autre traitement, elle cicatrise les plaies torpides et rebelles, elle tarit rapidement les suppurations... elle agit directement contre les infections et permet d'éviter un grand nombre d'amputations (Rollier) (1). »

Depuis le début de la guerre, un certain nombre de travaux ont été publiés sur le traitement des blessures de guerre par l'héliothérapie, et nous citerons notamment un intéressant travail du Dr Reinbold (de Lausanne) (2) : *La cure solaire en chirurgie de guerre*, et un article du Dr Grangée (3), exposant les succès obtenus par la cure solaire à l'hôpital d'Evian.

Notre collègue G. Léo (4) a été un des pre-

(1) Dr Rollier. *Le pansement solaire ; héliothérapie de certaines affections chirurgicales et des blessures de guerre*. Lausanne et Paris, 1916.

(2) Reinbold. *Revue médicale de la Suisse romande*, n° jubilaire dédié au Professeur Roux, 1915.

(3) Grangée. *Paris médical*, 25 décembre 1915.

(4) G. Léo. *Trois mois de chirurgie de guerre dans la zone de l'arrière*, notes cliniques et thérapeutiques. Maloine, éditeur, Paris, 1915.

Fig. 3. — Traitement des blessures de guerre par l'héliothérapie à l'Hôpital auxiliaire 66 (Paris).

miers à appliquer l'héliothérapie au traitement des blessures de guerre, dès le 15 septembre 1914, à l'Hôpital N° 4 d'Evreux, en se bornant toutefois à employer l'héliothérapie partielle, et il a exposé les résultats de ses observations dans son livre : *Trois mois de Chirurgie de Guerre.*

M. Sorel, de Nice, a communiqué à l'Académie des sciences (1), en 1915, une note *sur les blessures de guerre et la cure solaire* et présenté des photographies de larges plaies infectées, guéries par les rayons solaires dans un hôpital de Monte-Carlo.

Signalons également une intéressante communication de M. J. Vallot à l'Académie des sciences, dans laquelle l'auteur, chargé d'organiser le service de l'héliothérapie dans un hôpital de Nice, décrit une installation permettant d'appliquer l'héliothérapie *intensive,* en hiver, aux blessés et convalescents militaires.

(1) *Comptes rendus de l'Académie des sciences,* t. 160, 1915, p. 610.

(2) *Id.,* 1915, p. 486.

DE L'ACTION THÉRAPEUTIQUE DES RAYONS SOLAIRES

1° *Effets locaux.*

Action bactéricide. — A propos de l'influence bienfaisante que le soleil exerce sur la cicatrisation des plaies, on ne peut manquer d'invoquer l'*action bactéricide* des rayons solaires.

Déjà Spallanzani avait mentionné les effets destructifs que l'exposition au soleil détermine sur les microorganismes développés dans des infusions végétales.

Mais ce sont les expériences des bactériologues qui ont bien mis en évidence l'action de la lumière sur les bactéries. C'est ainsi que Downes et Blunt (1) ont démontré, en 1877, que les tubes à culture exposés directement au soleil restaient stériles, tandis que ceux qu'on exposait

(1) Downes et Blunt. *Proceed. of the Roy. Soc. of London* XXVIII, 1878.

aux rayons solaires, en les protégeant par des lames de plomb, donnaient à l'étuve de nombreuses colonies. Il était prouvé de cette façon que l'action bactéricide du soleil provient de ses *radiations lumineuses*, arrêtées par les lames de plomb, et non pas de ses radiations calorifiques. Ces expérimentateurs montrèrent aussi que les *rayons ultra-violets* exercent à ce point de vue l'action la plus efficace.

En 1887, les expériences de Duclaux (1), confirmées par celles de M. Roux (2), montrèrent que, lorsqu'on expose au soleil un bacille du lait, le Tyrothrix scaber, et le coccus du clou de Biskra, les cocci sont rapidement tués, surtout s'ils sont en milieu sec, tandis que les spores résistent, surtout à l'abri de l'air.

Le Dr A. Aimes, dans son beau livre sur l'héliothérapie, rappelle aussi les recherches de Pausini (3) qui démontra nettement, en 1889, l'action bactéricide non seulement de la lumière solaire directe, mais encore de la lumière diffuse, et

(1) Duclaux. Action de la lumière sur les microbes. *Ann. de l'Institut Pasteur*, 1887.

(2) Roux. Action de la lumière sur les microbes. *Ann. de l'Institut Pasteur*, 1887, t. I, p. 445.

(3) Pausini. Action de la lumière sur les micro-organismes. *Rivista d'Igiene*, 1889.

celles de Migneco qui, en 1895, tua le bacille de Koch, dans des étoffes et des rideaux souillés, par une simple exposition au soleil.

Les faits ont d'ailleurs démontré, bien avant les bactériologues, l'action stérilisante du soleil, car comment expliquer autrement que par cette action l'innocuité relative de la saleté sordide des rues dans les pays constamment ensoleillés, et c'est la même idée que résume en quelques mots le vieux proverbe napolitain cité par M. Rollier : *Dove non va il sole, va il medico* (2).

L'action bactéricide des rayons solaires est donc un fait bien établi, mais dans quelles conditions peut-elle s'exercer sur les plaies ?

D'après les recherches de MM. Nogier et Vignard, la peau est imperméable aux rayons ultra-violets, seuls réellement actifs au point de vue bactéricide, et les effets stérilisateurs des radiations ne peuvent en aucune façon se manifester directement dans la profondeur des tissus. C'est donc uniquement à la surface des plaies

(1) Migneco (F.). Action de la lumière sur le bacille tuberculeux. *Ann. d'Ig. sperim.*, Roma, 1895, p. 216.

(2) Où ne va pas le soleil, va le médecin.

que l'action bactéricide de la lumière peut entrer en jeu. Et encore, d'après MM. Vignard et Jouffray (1), « il faut bien savoir que l'action stérilisante des radiations ultra-violettes peut se trouver annihilée par le moindre obstacle, débris de desquamation, croûtes, parcelles de pus, anfractuosités, etc., en sorte qu'il ne faut attribuer à cette action qu'une faible part dans la guérison des lésions superficielles telles que fistules, gommes ouvertes et lésions lupiques, etc. ».

La vaso-dilatation. — On sait que l'exposition de la peau au soleil produit rapidement un érythème, qui disparaît assez vite si l'exposition a été de courte durée, mais qui peut aller jusqu'à la brûlure au deuxième degré, si elle a été longue.

A l'état d'inflammation aiguë, plus ou moins accusé suivant la durée et l'intensité de l'insolation, succède un état chronique dans lequel il se produit une vaso-dilatation anormale des capillaires cutanés, un brunissement de la couche cornée de l'épiderme, et une augmenta-

(1) Vignard et Jouffray. La cure solaire des tuberculoses chirurgicales, p. 10-11. *L'œuvre médico-chirurgical*, Dr Critzman Directeur. Paris, décembre 1913.

tion du pigment des couches profondes de la peau.

M. Rollier attache une grande importance physiologique à la vaso-dilatation des capillaires de la peau, qui, d'après Finsen, est favorisée par le froid agissant en même temps que la lumière, plus encore que par la chaleur et le soleil. C'est cette vaso-dilatation qui produit la coloration de la peau du visage et des mains, toujours bien différente de celle des régions du corps non exposées à la lumière.

Quel que soit le mécanisme de cette hyperhémie cutanée, il est bien vraisemblable que l'afflux du sang à la peau produit sur toute la surface du corps entièrement nu, dans le bain de soleil total, n'est pas sans avoir une grande importance physiologique.

On conçoit facilement le rôle actif que le soleil joue dans le traitement des lésions traumatiques, grâce à cette hyperhémie qui accélère la nutrition des tissus et facilite les résorptions et l'élimination des déchets en augmentant la phagocytose locale.

M. Rollier, qui associe, dans le traitement des plaies infectées, l'héliothérapie à l'exposition à l'air libre, estime que l'hyperhémie active produite par la radiation solaire « augmente en effet l'appel leucocytaire, tandis que l'exposition à l'air libre et au soleil d'une plaie infectée en favorise la détersion en laissant libre cours à la suppuration éliminatoire ».

L'insolation de la plaie « provoque une détersion intense, sans pourtant s'opposer à cette recrudescence de la suppuration qui précède toute cicatrisation. Dès les premières séances se dessinent sur la surface purulente de nombreux canaux collectant le pus... A mesure que se prolonge l'action de la radiation, le travail d'élimination augmente, la détersion s'accentue, assurée par un drainage régulier que rien n'entrave. Aussi bien le malade accuse-t-il rapidement une sensation locale de mieux-être. La douleur, la sensation de tension, de gonflement disparaissent...

« La suppuration, d'abord intense, tarit si rapidement que la plaie semble parfois être déjà très avancée dans la voie de l'assèchement *à la fin de la première journée d'héliothérapie* (Rollier) (1). »

(1) Rollier. *Le pansement solaire*, p. 12 et 13.

Notre collègue Léo (1) a insisté sur la *lymphorragie* que produisent les rayons solaires au niveau des plaies, et qui détermine la disparition des œdèmes.

« Tant qu'il y a œdème, c'est-à-dire rétention de lymphe septique ou de pus, dans les mailles du tissu cellulaire, au voisinage et autour de la plaie, il y a douleur, résorption septique et élévation de température. Or, *l'héliothérapie fait suinter au niveau des plaies, en abondance, de la sérosité louche ou du pus, ou l'un et l'autre*, suivant les cas.

« Une plaie, avec œdème, suinte au soleil au bout de quelques minutes, avec intensité, et ce phénomène n'a besoin d'aucun artifice pour se manifester... Il est bien évident qu'il ne s'agit pas ici de cet écoulement abondant de pus ou de sérosité qui peut se faire au moment de la levée d'un pansement un peu occlusif, et dont l'ablation donne liberté à des liquides légèrement sous pression dans les cavités de la plaie, ni de l'écoulement qui survient par l'ablation de drains bouchés par les exsudats. Il s'agit au contraire de plaies qui paraissaient vidées mo-

(1) Léo. *Trois mois de chirurgie de guerre dans la zone de l'arrière*. Paris, Maloine, éditeur, 1915, p. 60.

mentanément de leurs sécrétions, à l'ablation du pansement.

« Mettez cette plaie au soleil, et observez-la pendant une demi-heure ou une heure ; vous verrez de petits filets de sérosité ou de pus s'en échapper successivement, et sécher au soleil après avoir parcouru quelques centimètres sur la peau voisine.

« Ou encore : appuyez près des lèvres d'une plaie septique, jusqu'à ce qu'elle n'émette plus rien. Laissez-la à l'ombre, pendant une demi-heure. Pressez de nouveau, vous n'obtenez rien. Faites de même pour cette même plaie, après l'avoir laissée une demi-heure au soleil, et vous verrez sourdre des profondeurs de la plaie, une quantité nouvelle et imprévue d'exsudats septiques que les rayons solaires ont chassés hors des mailles du tissu cellulaire infecté jusque dans la cavité de cette plaie, et de là, par votre pression, à l'extérieur, entre les lèvres de la plaie.

« En un mot, l'héliothérapie agit comme un drain, plus actif que nos drains de caoutchouc, ou que toute autre substance, plus actif même que les ventouses de Bier, qui attirent *ce qu'il y a dans la cavité de la plaie*, mais non pas ce qu'il y a *autour de cette cavité*, dans les mailles celluleuses...

« L'effet le plus utile, le plus efficace de l'héliothérapie, le drainage, entraîne toute la série des conséquences heureuses de tout bon drainage. L'œdème diminue, et à cause de cela, la résorption septique diminue, et la température s'abaisse, de même que le pouls. L'œdème diminue, et la cause principale de la douleur, qui est la présence sous pression des liquides septiques dans le tissu cellulaire diminue également. Les sécrétions éliminées par l'héliothérapie contribuent donc à la désinfection matérielle des foyers, car drainer c'est désinfecter, quel que soit l'agent du drainage (Léo). »

L'hyperhémie active déterminée par les radiations solaires exerce, à différents points de vue, l'influence la plus heureuse sur l'évolution des *fractures* ouvertes.

C'est ainsi que tout d'abord, comme le dit M. Rollier, « l'application systématique de la cure solaire, par l'action hyperhémiante qu'elle exerce, réalise au plus haut degré l'excitation ossifiante.

« Elle seconde de la manière la plus efficace

le traitement chirurgical des pseudarthroses chevauchantes, en favorisant l'ossification des surfaces fragmentaires dès que l'intervention opératoire a assuré la coaptation de ces surfaces... »

Dans les fractures *ouvertes infectées*, convenablement débridées et drainées, après nettoyage rigoureux de la plaie, « *mieux encore que dans les fractures fermées*, l'héliothérapie accélère ici l'ossification du cal, qui échappe aux malformations (Rollier). »

L'action hyperhémique de la radiation solaire se manifeste de la façon la plus précieuse dans le traitement post-opératoire des ostéomyélites, après trépanation, que préconise M. Rollier et que j'ai employé à son instigation, avec d'excellents résultats, dans plusieurs cas d'ostéomyélite traumatique par blessure de guerre.

Mais cette action hyperhémique est telle que, si on exposait trop rapidement la cavité osseuse au soleil, il en résulterait de petits suintements hémorragiques sur les surfaces osseuses. C'est pour cette raison que le chirurgien de Leysin conseille, après avoir enlevé au bout de 48 heures le tamponnement hémostatique que l'on a fait à la fin de l'intervention, d'exposer la

Fig. 4. — Fractures infectées traitées par l'héliothérapie totale à l'Hôpital 79 (Photo Domon).

cavité osseuse seulement à l'air libre pendant le premier jour, et de commencer l'insolation le deuxième jour par des petites séances très courtes.

La pigmentation. — La lumière, d'une façon générale, développe la pigmentation de la peau. C'est ainsi que la plupart des animaux ont des téguments plus colorés dans les régions de leur corps exposées à l'ardeur du soleil, leur face ventrale restant ordinairement d'une teinte beaucoup plus claire que leur face dorsale.

Lorsque l'on fait agir l'héliothérapie progressivement, en commençant par des séances courtes, dont on augmente peu à peu la durée, suivant la technique de Rollier que nous indiquerons plus loin, il ne se produit pas d'érythème solaire, mais on voit apparaître une pigmentation donnant aux téguments, après deux ou trois mois de traitement, une teinte brune qui, chez certains sujets de teint normalement brun, arrive presque à se rapprocher de la coloration de la peau des nègres. Il y a à ce point de vue des variations individuelles, et certains malades brunissent assez rapidement, tandis que d'autres, les blonds vénitiens notamment, seraient assez réfractaires à la pigmentation.

D'après M. Rollier, ces variations ne s'expliquent pas toujours par des différences de teint. Contrairement à ce que pensent plusieurs auteurs, suivant lesquels les blonds réagissent plutôt par hyperhémie de la peau et les bruns en se pigmentant, on voit très fréquemment des bruns présenter de l'érythème à la suite de séances très courtes et, d'autre part, des blonds se pigmenter très bien.

Mais, en revanche, M. Rollier a observé que « *la rapidité avec laquelle le malade guérit est presque toujours proportionnelle à la rapidité avec laquelle il brunit*. Cela n'est pas seulement exact des lésions profondes, mais aussi des lésions superficielles tuberculeuses ou banales. De même que ni les boutons d'acné, ni les furoncles, ni la varicelle ne se développent sur des peaux fortement pigmentées, de même *les plaies se cicatrisent et les abcès se résorbent plus vite chez les malades fortement brunis*.

« Au surplus, ajoute-t-il, le pigment semble rendre moins sensible aux froids vifs. *Les peaux bien brunes supportent aussi facilement les ardeurs du soleil que les basses températures* (Rollier (1) ».

(1) Rollier. *La cure de soleil*, p. 81.

On a beaucoup discuté sur le rôle que peut avoir cette pigmentation dans l'action thérapeutique de l'héliothérapie, et l'on s'est demandé si elle constituait un mécanisme de défense contre les rayons solaires, en arrêtant ou en transformant les rayons ultra-violets, ou si les cellules chromatophores n'agissaient pas comme des phagocytes dans le processus curateur.

Pour MM. Vignard et Jouffroy, le rôle de la pigmentation paraît secondaire, et ils estiment même « qu'il vaudrait beaucoup mieux qu'elle n'existât pas, car elle joue le rôle d'écran vis-à-vis de radiations les plus utiles », et ils pensent que c'est aller un peu loin dans le domaine des hypothèses que de considérer, comme l'ont fait certains auteurs, le pigment « comme un transformateur de l'énergie chimique en chaleur qui absorberait toutes les radiations et représenterait une multitude de petits foyers thermiques inclus dans le tégument et communiquant leur chaleur au protoplasme qui les baigne (1) ».

Indépendamment de la pigmentation des couches profondes de la peau, Unna a signalé le

(1) Vignard et Jouffroy, *loc. cit.*, p. 11.

brunissement de la couche cornée de l'épiderme, qui se produit également sous l'action des rayons solaires. Il y aurait là une sorte de réduction provoquant l'apparition d'une matière colorante particulière.

Nous n'insisterons pas davantage sur tous ces phénomènes déterminés par l'action des rayons solaires ; de nombreuses expériences ont été instituées à ce propos par différents auteurs et elles sont loin d'avoir donné des résultats concordants.

Il s'agit là de questions qui ont une importance scientifique, au point de vue théorique, mais sur le terrain de la clinique nous pouvons, en résumé, nous borner à constater que les effets locaux des radiations solaires sont indiscutablement favorables à la lutte de l'organisme contre l'infection microbienne.

2° *Effets généraux*

Toutes les observations cliniques s'accordent à démontrer que les bains de soleil produisent une suractivité de la nutrition qui, d'après Carnot, serait due à l'absorption des vibrations moléculaires de la lumière par les lipochromes ou cellules pigmentaires.

MM. Rollier et Rosselet (1) ont étudié le rôle physiologique que joue l'énergie lumineuse absorbée par l'organisme, insistant sur l'étroite parenté chimique entre l'hémoglobine du sang et la chlorophylle, dont on connaît l'action de décomposition de l'acide carbonique et d'assimilation du carbone, sous l'influence de la lumière solaire.

C'est, comme le dit M. Rollier, « une notion courante que les rayons calorifiques, dans la mesure où ils sont capables d'élever la température des milieux qu'ils traversent, sont doués de la propriété très générale d'activer les réactions chimiques. D'autre part, en tant qu'ils peuvent empêcher les déperditions de calorique chez les animaux à sang chaud, les rayons lumineux remplacent, dans une proportion très exactement mesurable, une certaine partie des aliments qui sont destinés à maintenir constante la température du corps ».

Là encore il s'agit de phénomènes très com-

(1) Rollier et Rosselet. Sur le rôle du pigment épidermique et de la chlorophylle. *Bull. de la Soc. vaudoise des Sciences Naturelles*, t. 44, 1908.

plexes qui ont préoccupé déjà bien des chercheurs, sans qu'on ait pu établir encore d'une façon précise le mécanisme du rôle de l'insolation dans la nutrition, mais il n'en est pas moins vrai que, au point de vue clinique, le résultat de cette action est amplement démontré par l'augmentation de poids constatée chez les malades, et dont la moyenne, d'après les observations de M. Revillet, a été de 4 kilogrammes pour huit mois de cure.

Cette augmentation de poids n'est pas due seulement à une légère adiposité qui se développe dans le tissu cellulaire, mais, comme M. Rollier me l'a fait constater chez beaucoup de ses malades en traitement, elle correspond aussi à un développement des muscles qui donne à ces malades un aspect athlétique d'autant plus surprenant qu'il s'agit ordinairement de sujets alités et n'ayant aucune espèce d'exercice ou de massage. Au lieu de l'adiposité exagérée qui, chez tant de malades longtemps immobilisés, masque souvent l'atrophie musculaire, j'ai pu constater, sous des téguments doublés d'un tissu graisseux sous-cutané normal des muscles aussi développés qu'ils auraient pu l'être chez des sujets entraînés aux sports.

Tous ceux qui ont visité à Leysin les cliniques du Dr Rollier ont été frappés comme moi de l'aspect de gaieté et du bon état général de ses malades, contrastant singulièrement avec la tristesse et l'aspect souffreteux des malades atteints d'affections semblables, que l'on voit dans la plupart des hôpitaux.

Rikli, cet empirique suisse établi près de Trieste, qui a exposé les résultats d'une pratique de cinquante ans dans son livre *Médecine naturelle et bains de soleil* (1), a insisté sur la sensation de bien-être, sur cette *euphorie* que donne le bain de lumière. Et comme le dit M. Aimes (2), « presque tous les auteurs qui aujourd'hui préconisent l'héliothérapie, insistent sur l'action favorable des bains de soleil sur l'état général de leurs malades. Non seulement ceux-ci se soumettent volontiers à la cure, mais, loin de leur être désagréable, elle paraît le plus souvent comme leur procurant un regain de vitalité. D'ailleurs les anciens recherchaient surtout cette action favorable du soleil comme le font encore

(1) Rikli. La cura atmosferica o il bagno di aria od il bagno di sole, 1896. *Médecine naturelle et bains de soleil*, 1905.

(2) Aimes. *L'héliothérapie*. Paris, 1913, p. 102.

sans conseil médical, tous les convalescents, tous les vieillards qui se sentent revivre par la pratique du « bain de lézard ». Il est facile de vérifier par la lecture d'un grand nombre d'observations l'existence de cette sensation d'euphorie chez les malades (Aimes) ».

Le système nerveux joue un rôle important dans la suractivité nutritive résultant de la cure du soleil, et d'après Bouchard, les terminaisons nerveuses périphériques transmettent à tous nos tissus les énergies qu'elles puisent dans l'exposition aux radiations solaires.

Ce n'est que par l'action du système nerveux que l'on peut s'expliquer l'augmentation des oxydations qui se produit pendant le jour, comme l'a montré Bouchard, et qui se manifeste par la toxicité plus grande de l'urine du jour.

« L'augmentation de l'*excrétion sudorale* est encore en grande partie le fait du système nerveux et l'influence thérapeutique de cette fonction ne peut être mise en doute. La sudation, en effet, donne quatre résultats favorables : Les produits toxiques dus à l'organisme sont excrétés; un grand nombre de bactéries sont expulsées ; il y a évacuation de toxines microbiennes ; enfin la sueur joue un rôle vicariant très puissant pour les organes excréteurs (Aimes) ».

Quoi qu'il en soit des explications théoriques par lesquelles on a cherché à interpréter le mécanisme de l'action thérapeutique du bain de soleil, l'observation clinique démontre amplement la réalité bienfaisante des effets locaux et généraux produits par les radiations solaires, qui se traduisent chez les blessés par la cicatrisation rapide des plaies, en même temps que, avec l'appétit et le sommeil, l'aspect général s'améliore et que le poids augmente.

En ce qui concerne les fractures, l'action générale exercée par le soleil sur leur consolidation a été maintes fois signalée, et, dans son ouvrage sur l'*Héliothérapie* auquel nous avons déjà fait de nombreux emprunts, le Dr Aimes rappelle que le chirurgien militaire français Percy avait remarqué « que certains de ses malades qui ne consolidaient pas leurs fractures étaient placés dans un coin des salles que le soleil ne visitait jamais. Changés de lit et exposés au soleil, leurs fractures se consolidaient dans les délais normaux ». Et aussi Hamilton, dans son *Traité des fractures*, « recommandait d'exposer largement le membre fracturé *à l'air et à la lumière* au moins une à deux fois par jour (Aimes) ».

L'expérience montre que cette action bienfaisante du soleil s'exerce partout où l'on prend la peine d'y avoir recours, et cela même dans les grandes villes, puisque nous avons pu en obtenir d'excellents résultats chez des blessés soignés dans des hôpitaux militaires parisiens, mais il est bien certain que l'action de la cure solaire est singulièrement renforcée par celle d'un climat plus approprié, et c'est pour cela que l'utilisation des formations sanitaires des pays d'altitude ou de soleil donnerait des résultats encore meilleurs dans le traitement des blessures de guerre par l'héliothérapie.

TECHNIQUE DU BAIN DE SOLEIL D'APRÈS LA MÉTHODE DE ROLLIER

S'il est juste de donner, avec l'Ecole lyonnaise, le nom de *méthode de Poncet* à la pratique de l'héliothérapie *locale* appliquée au traitement des tuberculoses chirurgicales, nous pensons, comme le Dr P.-F. Armand-Delille, qu'on doit désigner sous le nom de *méthode de Rollier* la pratique de l'héliothérapie *totale*, c'est-à-dire des grands bains de soleil prolongés, grâce auxquels on obtient le maximum des effets généraux qui viennent multiplier considérablement les effets locaux de l'insolation. C'est, en effet, le chirurgien de Leysin qui a le mérite incontestable « d'avoir démontré que *l'héliothérapie ne donne ses complets résultats*, non seulement de guérison de la lésion tuberculeuse, mais de transformation générale de l'organisme, *que si elle est totale...* » et d'avoir « eu le courage de *découvrir complètement ses malades*, en rejetant les cuirasses plâtrées, et de *les exposer tout nus, pendant de longues heures, aux rayons du soleil* (Armand-Delille) (1) ».

C'est donc à M. Rollier, qui en a réglé magistralement les moindres détails, d'après une expérience portant sur plusieurs milliers d'observations, que nous emprunterons la description de la technique générale du bain de soleil, telle que nous l'avons appliquée au traitement des blessures de guerre, soit à l'Hôpital créé par Mme Messimy à l'Ecole Polytechnique, soit à l'Hôpital auxiliaire 79 (fondation Hyde).

L'aménagement des locaux. — L'exemple de M. Rollier, qui installa ses premiers malades, à Leysin, dans un simple chalet de paysans convenablement transformé, montre que toute construction, même rudimentaire, peut être aménagée pour servir à la cure de soleil.

Quand on peut établir des galeries de cure sur une façade exactement orientée au midi, rien n'est plus facile que de transformer quelques fenêtres en portes-fenêtres par lesquelles les chambres de blessés s'ouvrent sur les galeries

(1) P.-F. Armand-Delille, *L'Héliothérapie*, p. 6.

de cure, et l'on peut ainsi, pour les grands blessés, rouler leurs lits sur les galeries.

Lorsqu'on dispose sur la toiture d'une surface en forme de terrasse, on a un *solarium* facile à installer avec quelques mètres carrés de toile,

Fig. 5. — La cure de soleil dans la cour de l'infirmerie de l'école Polytechnique. (Photo Domon.)

et auquel accéderont sans peine tous les blessés capables de marcher. C'est, dans les grandes villes, une des dispositions les plus commodes à réaliser.

Enfin, à défaut de galeries de cure ou de solarium, on pourra toujours installer les blessés dans une cour, comme nous le faisons à l'Ecole Polytechnique (fig. 5) et à l'Hôpital 66, ou dans un jardin, comme cela a été fait à l'Hôpital 79. Quelques chaises longues, ou même des bancs, peuvent suffire pour installer les blessés qui circulent, et les brancards de toile sur lesquels on transporte ceux qui ne peuvent marcher leur servent de lit, étant garnis d'un petit matelas, pour toute la durée du bain de soleil.

Technique du bain de soleil. — Quel que soit le siège de la blessure, il faut pratiquer l'héliothérapie suivant ce principe absolu du Dr Rollier : « *l'insolation doit être directe et totale.* »

1° L'insolation doit être *directe*, c'est-à-dire qu'elle doit être pratiquée *à l'air libre* ; « l'application directe et intégrale de la cure d'air et de soleil est seule capable de produire cette action tonique sur l'organisme et cette excitation du système nerveux qui entraîneront à leur tour l'accélération de la nutrition et l'accroissement des oxydations organiques ».

2° L'insolation doit être *totale*, c'est-à-dire s'étendre au corps tout entier, lorsque la température extérieure le permet. « Le soleil étant un puissant stimulant de tout l'organisme, il est évident que *plus la surface insolée sera étendue, plus la résistance du corps s'en trouvera augmentée.* »

D'ailleurs M. Rollier estime que l'on doit rigoureusement proscrire l'insolation du corps recouvert de vêtements, car elle peut être dangereuse lorsque ceux-ci, « absorbant les rayons caloriques, constituent une enveloppe surchauffée qui provoque des sudations et prédispose le malade à la congestion des viscères thoraciques et abdominaux ».

3° L'insolation doit être *progressive*, et l'on fera bien, pour ne pas avoir de mécomptes, de suivre les sages conseils du chirurgien de Leysin, qui a d'ailleurs résumé ses explications dans un schéma très clair que nous reproduisons ci-contre (fig. 6) et qui devra guider les infirmières chargées d'appliquer la cure solaire aux blessés de guerre.

On commencera toujours par les extrémités inférieures, moins sensibles, même lorsque la lésion siège au thorax ou sur un des membres supérieurs.

Quand la blessure intéresse un des membres inférieurs, on la recouvrira d'abord de quelques épaisseurs de gaze jusqu'à ce que l'on ait progressivement habitué à l'insolation le corps entier, et c'est seulement à ce moment que l'on découvrira la plaie d'abord pendant cinq minutes, à trois reprises, puis pendant dix minutes, également trois fois, etc.

La tête, pendant les premières séances, sera protégée par un large chapeau de toile blanche, et les yeux par des verres jaunes ou fumés.

Les règles que nous reproduisons ci-dessous ont été établies par M. Rollier pour les tuberculeux, mais il est évident que chez nos blessés qui sont pour la plupart des hommes sains et robustes, l'accoutumance à l'action du soleil et du grand air est beaucoup plus rapide que chez les tuberculeux, et notre expérimenté confrère estime que l'on peut chez eux « doubler les étapes de la marche indiquée, sous réserve toujours de ralentir la progression aux premiers symptômes d'intolérance manifestés par le patient. »

Voici le passage du beau livre de M. Rollier sur *La cure de soleil*, dans lequel il précise les règles de la progression qu'il suit chez les malades de Leysin :

« Les premières séances sont extrêmement courtes et répétées trois fois par jour à des inter-

Du 10ème au 15ème jour	augmentation suivant la même échelle	A partir du 15ème jour insolation complète dès le début du bain. Durée totale : 3 à 6 heures

10e Jour	30 minutes	35 min.	40 min.	45 min.	50 min.
9e "	25 "	30 "	35 "	40 "	45 "
8e "	20 "	25 "	30 "	35 "	40 "
7e "	15 "	20 "	25 "	30 "	35 "
6e "	10 "	15 "	20 "	25 "	30 "
5e "	5 "	10 "	15 "	20 "	25 "
4e "	—	5 "	10 "	15 "	20 "
3e "	—	—	5 "	10 "	15 "
2e "	—	—	—	5 "	10 "
1er "	—	—	—	—	5 "

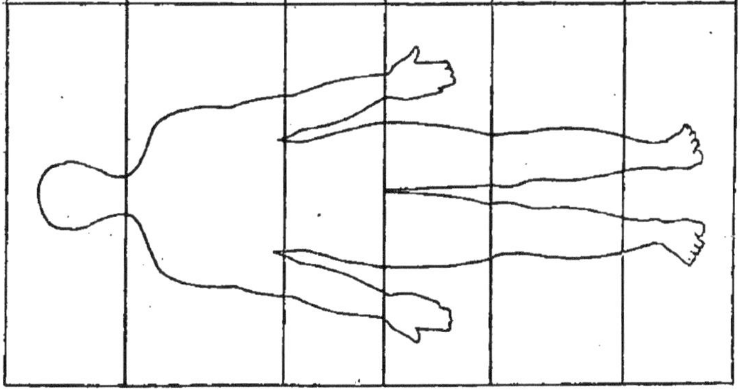

Fig. 6. — Schéma de Rollier indiquant la progression suivant laquelle on doit employer l'héliothérapie totale.

valles qui varient d'une demi-heure à une heure.

« Ces premières séances doivent toujours *cesser une demi-heure ou une heure avant le repas de midi, et ne recommencer que deux ou trois heures après.*

« Dans ces conditions, les pieds sont découverts :

« Le premier jour, trois fois cinq minutes ;

« Le deuxième jour, trois fois dix minutes ;

« Le troisième jour, trois fois quinze minutes, et ainsi de suite.

« Le second jour, on découvre les jambes en même temps que les pieds, mais pendant cinq minutes seulement.

« Le troisième jour, c'est le tour des cuisses, qui sont découvertes pendant trois fois cinq minutes, tandis que les jambes le sont pendant trois fois dix minutes et les pieds pendant trois fois quinze minutes.

« On arrive ainsi au quatrième jour à découvrir l'abdomen, puis au cinquième jour le thorax, en ayant soin de protéger la région précordiale au moyen d'une compresse humide, quand la température est élevée.

« Au sixième jour, s'il n'y a pas contre-indication, la région dorsale est exposée trois fois cinq minutes (1). »

En somme le premier jour on expose au soleil les pieds seulement pendant quinze minutes en trois séances séparées par des intervalles variant d'une demi-heure à une heure.

Le deuxième jour, on fait au total trente minutes d'insolation dont quinze pour les jambes, en trois fois à une demi-heure d'intervalle.

Le troisième jour, on fait quarante-cinq minutes en trois séances de quinze minutes, dont cinq minutes chaque fois pour les cuisses.

Le quatrième jour on fait une heure d'insolation, en trois séances de vingt minutes chacune, dont cinq seulement pour l'abdomen, toujours avec un intervalle d'une demi-heure entre les séances.

Le cinquième jour, trois séances de vingt-cinq minutes, dont cinq pour le thorax, font un total d'une heure quinze minutes.

On continue à augmenter de quinze minutes par jour la durée totale de l'insolation, en ajoutant à chaque séance cinq minutes pour chacun

(1) Rollier, *La cure de soleil*, p. 66 et 67.

des segments successivement insolés pendant les cinq premiers jours.

On arrive ainsi à un total de trois heures de bain de soleil, en trois séances, en ayant soin de

Fig. 7. — Séance d'héliothérapie à l'Hôpital 79 en juillet 1916. (Photo Domon).

continuer « les repos de quelques minutes à l'abri du soleil jusqu'à l'apparition de la pigmentation brune sur le corps du malade. *C'est seulement alors que la séance d'héliothérapie pourra durer* trois heures d'affilée (Rollier) ».

Ajoutons que, chaque fois que la chose est possible, le blessé devra insoler alternativement la face antérieure et la face postérieure de son corps.

M. Rollier recommande d'ailleurs de régler la durée des séances selon la façon dont les sujets se pigmentent. Lorsque la pigmentation se produit assez vite, on peut augmenter rapidement aussi la durée des séances. Dans les cas où le malade rougit plutôt qu'il ne brunit, il faut, au contraire, n'augmenter que très prudemment leur durée.

On doit faire bien attention, quand le mauvais temps a interrompu la cure solaire, à reprendre l'entraînement à une étape inférieure à celle où le traitement a cessé.

« L'adaptation ainsi pratiquée ne donne jamais lieu à aucun des accidents de l'héliothérapie : ni migraine, ni névralgie, ni exagération des douleurs, ni tachycardie, ni palpitations (Rollier). »

Dans l'intervalle des séances d'insolation, le Dr Rollier recommande, lorsque le siège de la plaie le permet, de recouvrir seulement les plaies avec un *grillage protecteur*, de façon à ce que l'action sclérosante de l'air continue à s'exercer, même pendant la nuit.

Le grillage protecteur consiste « en un treillis métallique à larges mailles (de 8 millimètres à 1 centimètre), de forme et de dimensions variables suivant celles de la plaie, et dont les bords sont intérieurement garnis de bourrelets de coton hydrophile amovibles, destinés à absorber le pus à mesure de sa sécrétion. Ce grillage est fixé sur la peau saine à l'aide de deux bandelettes parallèles d'un adhésif quelconque (Rollier) ».

Le Dr Reinbold, comme nous le verrons, se contente de laisser la plaie à l'air, après l'insolation, pendant une partie de la journée, en la couvrant seulement d'une mince compresse de gaze stérile, et complète ensuite l'enveloppement pour la nuit par des compresses humectées d'eau stérilisée.

INDICATIONS DE LA CURE SOLAIRE DANS LE TRAITEMENT DES BLESSURES DE GUERRE

Le Dr Reinbold (de Lausanne), très au courant de la méthode du Dr Rollier, a appliqué systématiquement l'héliothérapie au traitement des blessés de l'hôpital qu'il est venu diriger en France, et il a résumé ses observations, au point de vue des résultats obtenus, dans une intéressante publication qui a paru à l'occasion du jubilé de l'éminent chirurgien César Roux (1), et dont nous reproduisons quelques passages relatifs aux *indications* concernant plus spécialement certaines blessures de guerre.

« Il y a, dit notre confrère, pendant les premiers jours qui suivent une blessure, un état de lutte sourde où interviennent divers éléments et où le chirurgien doit agir, temporiser et attendre le moment où l'organisme a gagné la partie ;

(1) Reinbold, *Revue médicale de la Suisse romande*, n° jubilaire dédié au professeur Roux, 1915.

c'est alors que l'on peut chercher à favoriser le plus complètement possible la cicatrisation... C'est à cette phase précise du traitement que peut entrer en ligne l'héliothérapie.

« Pratiquement cette phase peut suivre très rapidement, dans une série de cas, le début même de la blessure. Rien ne s'oppose, par exemple, à l'insolation d'une plaie, fût-elle toute fraîche, très vaste, anfractueuse, compliquée même de fracas osseux, si la température est voisine de la normale, si aucune réaction spéciale ne fait redouter l'apparition de la gangrène gazeuse, si l'extraction de corps étrangers est effectuée, en un mot si l'on n'a plus à songer qu'à la réparation du dégât...

« C'est, en regard des pansements secs ou humides, rares ou fréquents, en lieu et place des substances chimiques variées, des pommades, des agents caustiques, etc., que viennent se placer le pansement et le bain solaires. *C'est dans le renforcement de l'activité vitale des tissus et dans l'impulsion donnée à l'organisme, dans l'action stimulante locale et générale, dans l'effet désinfectant et sclérosant, que s'affirment l'action rapide et énergique et la supériorité de ce mode de traitement...*

« Quand les tissus mous sont seuls atteints, la durée de réparation est naturellement plus rapide... Quand le squelette est en cause, si le périoste notamment est compromis, la réparation se fait plus lentement, l'ostéite peut provoquer la persistance de trajets fistuleux ; mais là encore *on obtient par l'insolation des effets surprenants*, si l'on songe à la longue durée habituelle et aux récidives fréquentes qui caractérisent ces états.

« Si l'on met à part les aspects dus à l'œdème blanc, à l'œdème ou érysipèle bronzé, à la tuméfaction putride et gazeuse, les plaies par éclatement des tissus sous l'influence des projectiles d'artillerie ou des balles à effets dum-dum présentent des caractères généraux assez communs. Aux troisième et quatrième jours de la blessure, les tissus mis à nu, violemment lacérés, contus, arrachés et souvent arrosés de teinture d'iode au poste de secours, présentent l'aspect de la mortification ; leur coloration est grisâtre, les fibres tendineuses et aponévrotiques se détachent en plus clair sur un fond sale, la souillure par des débris vestimentaires et la terre n'est pas rare. La surface de la plaie est couverte d'un enduit formé par des vestiges de suppuration encore mal établie, les bords sont anfractueux, la peau est sphacélée tout autour; les muscles déchirés font hernie; parfois il existe de l'œdème, parfois aucune infiltration de voisinage ; le moindre attouchement est très douloureux, le renouvellement du pansement est très pénible, les complications phlegmoneuses ne sont pas loin, le thermomètre marque au moins 38°5 et peut monter rapidement à 40°. L'état général est douteux : c'est l'état fébrile, l'inappétence, la courbature. *A ce moment-là, si l'on est sûr qu'il n'existe aucune rétention, le pansement solaire peut être appliqué.* Ce qu'il faut obtenir aussi vite que possible, c'est l'élimination des tissus mortifiés, c'est la détersion de toute la couche sphacélée, c'est le bourgeonnement, l'apparition rosée des tissus sains et l'arrêt de l'intoxication par les produits de résorption.

« Il n'est pas douteux qu'on ne puisse y arriver par l'application de l'eau physiologique chaude, de l'eau oxygénée, de certains embaumements, etc. ; *mais je n'ai jamais vu que le résultat fut aussi rapide, aussi régulièrement progressif dans le travail réparateur que sous l'influence de la lumière solaire...*

« C'est également dans les premiers jours que

s'observent les effets généraux du bain d'air et de soleil ; ils se traduisent par une détente générale, par l'abaissement et la régularisation de la température, par la reprise de l'appétit et de l'entrain...

« Très vite l'action analgésiante se manifeste, le pansement devient indolore ; il a consisté pour nous à laisser après l'insolation, mais toujours à l'air pendant une partie de la journée, une mince compresse de gaze stérile et à compléter ensuite l'enveloppement pour la nuit par des compresses humectées d'eau stérilisée...

« Très vite aussi l'action locale amène une transformation dans l'état de la plaie, et dans la seconde phase du traitement, soit vers le huitième ou le dixième jour, l'activité réciproque des tissus se différencie nettement. Alors que les débris d'aponévrose, de tendons se détachent insensiblement, entraînant une diminution de la suppuration, le tissu musculaire, ainsi que le tissu conjonctif lâche, accentuent leur tendance au bourgeonnement massif...

« Le dessèchement de la plaie et la rétraction des bords indiquent bientôt les progrès de la cicatrisation ; les phénomènes constants sont alors, avec la pigmentation de la région, la transsudation légère, la transformation de la nature du pus, le suintement séreux très abondant déjà signalé sur toute la surface de la plaie, et, dans les bords, la formation de la zone d'épidermisation. Ce qui frappe déjà à ce moment-là, c'est la proportion réduite de la lésion par rapport à l'étendue du début... (Reinbold). »

Consécutivement à des plaies articulaires, le Dr Reinbold a vu des *arthrites suppurées* du poignet donner des résultats fonctionnels très satisfaisants après sept semaines d'insolation, et il a obtenu des résultats analogues en traitant de la même façon des arthrites suppurées du coude et du cou-de-pied.

« L'activité du bain solaire dans le traitement des arthrites suppurées ne se borne pas à intensifier le travail d'élimination et de dessèchement... ; il agit également sur le maintien de la tonicité musculaire, sur la bonne nutrition des téguments qui, eu égard à la jeunesse des blessés, permettent de fonder toute espérance sur le résultat fonctionnel. De bonne heure, on peut essayer les mouvements, et le malade prend confiance beaucoup plus rapidement que sous un pansement qui emprisonne le membre, anémie la peau, la rend délicate, atrophie les muscles, etc...

« Si ces données concernent les blessures fraîches ou récentes, elles ne sont pas moins valables pour les résidus multiples de traumatismes déjà anciens : les fistules osseuses et articulaires, les ostéites, les rétractions tendineuses, les troubles trophiques, ischémiques, etc. *Le soleil peut avoir la première place dans la physiothérapie et dans le traitement secondaire des blessures de guerre;* il la mérite certainement. Et il n'est jamais trop tard pour s'y adresser (Reinbold). »

D'après le Dr Grangée, qui a publié en 1915 les excellents résultats que lui a donnés la cure solaire appliquée aux blessés de l'hôpital d'Evian, *le bain de soleil est indiqué* tout particulièrement dans le traitement des lésions suivantes :

a) *Plaies atones*, sans tendance à la cicatrisation.

« Là où le nitrate d'argent et les divers modificateurs, là où l'air chaud ne donnaient rien, *quelques journées d'héliothérapie amenaient la cicatrisation et surtout la rendaient durable,* solide. »

b) *Fractures.*

Dans certains cas de fractures comminutives qui ne paraissaient justiciables que d'une amputation, l'héliothérapie générale a permis au Dr Grangée d'obtenir rapidement une consolidation complète et une guérison définitive.

c) *Fistules.*

« Je pourrais, dit notre confrère, donner de nombreux exemples de trajets fistuleux traités par l'héliothérapie et qui, lorsqu'il n'existait pas de corps étrangers, se sont fermés en quelques séances (1). »

Pour le Dr Léo, l'*œdème* des plaies constitue une indication très nette de l'insolation, et nous avons vu plus haut, en étudiant les effets locaux de l'héliothérapie, quelle importance notre collègue attache à la lymphorragie que détermine l'exposition au soleil des plaies œdématiées. « Si cette plaie œdématiée est exposée au soleil pendant une heure ou plus, elle exsudera son

(1) Grangée, *Paris médical*, 25 décembre 1915.

pus, sa lymphe septique, ses sécrétions séro-purulentes, en quantité suffisante pour diminuer l'œdème notablement, et pour atténuer la douleur en proportion (1). »

(1) Léo, *loc. cit.*, p. 100.

RÉSULTATS DU TRAITEMENT DES BLESSURES DE GUERRE PAR L'HÉLIOTHÉRAPIE

Plaies infectées. — Comme tous ceux qui ont eu recours à l'héliothérapie dans le traitement des plaies infectées, nous avons observé dès les premières séances une augmentation très appréciable de la suppuration, suivie d'une diminution rapide du suintement, qui de purulent devient séreux, et finit bientôt par se tarir plus ou moins complètement.

De même que pour les ulcères variqueux, traités avec tant de succès à Leysin par le pansement solaire, sous l'influence de l'insolation nous avons constamment vu les plaies atones exposées au soleil se couvrir d'une couche de bourgeons charnus d'une vitalité parfaite, en même temps que, dans des plaies où l'épidermisation semblait auparavant n'avoir aucune tendance à se produire, nous avons vu apparaître rapidement sur leurs bords, sous l'action du soleil, un liseré épidermique qui progressait ensuite sans arrêt vers le centre. C'est ainsi que nous avons obtenu l'épidermisation de plaies qui ne paraissaient devoir se cicatriser qu'au moyen de greffes cutanées.

Nous avons réuni à l'hôpital auxiliaire 79, grâce aux soins éclairés de Mlle Petit, infirmière-major, qui applique aux blessés la méthode Rollier avec la plus scrupuleuse attention (fig. 8), une série importante d'observations de plaies superficielles, consécutives à des plaies profondes infectées, coïncidant ou non avec des lésions osseuses guéries, et dans lesquelles l'épidermisation et la cicatrisation définitive, qui laissaient attendre, souvent depuis de longs mois, la guérison définitive, se sont produites, sous l'influence de l'*héliothérapie totale*, de mai à septembre, avec une rapidité surprenante, c'est-à-dire très fréquemment en *dix ou quinze jours*, et rarement après plus de trois semaines ou un mois.

De même, à l'Ecole Polytechnique, sous l'action des bains de soleil, j'ai vu la cicatrisation définitive s'accélérer singulièrement dès les premiers beaux jours chez des blessés dont les plaies étaient restées sans progrès appréciables pendant tous les mois d'hiver.

Ce n'est pas seulement dans les plaies des membres que le bain solaire a hâté la guérison de nos blessés ; nous l'avons appliqué avec suc-

Fig. 8. — La cure solaire des blessures de guerre à l'hôpital 79. (Photo Domon).

cès au traitement de plaies du thorax ou de l'abdomen.

C'est ainsi que chez un soldat d'infanterie, blessé le 28 avril 1916, au Mort-Homme, laparotomisé dans une ambulance du front pour une plaie du foie, puis évacué sur Paris le 25 mai avec une fistule abdominale, la cicatrisation, qui tardait à se faire, a été obtenue après trois semaines d'héliothérapie générale, du 10 juillet au 2 août.

J'ai traité de la même façon plusieurs cas de fistules stercorales consécutives à des plaies pénétrantes de l'abdomen, et la rapide amélioration de l'état général, qui s'est produite chez ces blessés sous l'influence des bains de soleil, a certainement contribué pour une grande part à la guérison des fistules.

Je puis citer à ce propos l'observation d'un caporal d'infanterie qui, blessé le 9 juillet 1916 à Verdun, fut évacué sur Paris le 23 juillet 1916 et hospitalisé à l'ambulance de Mme Messimy. Atteint d'une plaie profonde de la région lombaire par éclat d'obus, intéressant une partie de la crête iliaque, et d'une plaie de la cuisse avec phlegmon gazeux consécutif, ce blessé avait une fistule stercorale au niveau de la plaie lombaire. Les bains de soleil furent commencés le 4 août, suivant la méthode progressive de Rollier ; dès le matin toutes les fenêtres de la salle consacrée à l'héliothérapie étaient largement ouvertes et le lit du blessé placé au soleil près d'une des fenêtres. Après trois semaines de traitement la fistule stercorale était tarie, et lorsque le blessé fut évacué par ordre, le 19 septembre, ses plaies étaient presque entièrement cicatrisées.

Dans un cas grave de plaie thoraco-abdominale profondément infectée, au fond de laquelle la plèvre était à nu, après élimination d'une grande partie des derniers cartilages costaux du côté droit, chez un blessé qui était resté abandonné pendant deux jours sur le champ de bataille, plusieurs interventions pratiquées au cours de dix mois d'hôpital n'avaient pu tarir la suppuration et déterminer la cicatrisation de la plaie, qui restait atone malgré tous les traitements variés auxquels on avait eu recours. Deux mois d'héliothérapie générale, pendant les mois de juillet et août 1915, suffirent à avancer le travail de cicatrisation à un tel point que le blessé pouvait être considéré comme guéri lorsqu'il fut évacué par ordre.

J'ai employé aussi très avantageusement l'héliothérapie chez certains de mes opérés, comme *traitement post-opératoire*, notamment après les sutures tendineuses. Grâce à ce précieux adjuvant, la restauration fonctionnelle, obtenue par le massage et les mouvements actifs, nous a paru être obtenue beaucoup plus rapidement.

Fractures infectées. — Nombreuses sont les observations de fractures infectées des membres, traitées par les bains de soleil, que nous avons pu recueillir pendant les étés de 1915 et de 1916, et chez tous les blessés soumis à ce traitement les effets locaux et généraux de l'insolation ont réalisé les espérances que nous avait données la lecture des travaux de Rollier.

Dans plusieurs cas où les lésions osseuses étaient tellement graves que la conservation du membre pouvait être considérée comme problématique, le traitement solaire a été suivi assez rapidement d'une consolidation complète et d'une guérison parfaite.

Parmi les cas particulièrement graves de fractures infectées du fémur que j'ai vus guérir grâce à l'héliothérapie générale, je puis citer l'observation du soldat d'infanterie B... Jean, blessé à Tahure le 6 octobre 1915, soigné d'abord à Vitry-le-François, puis évacué sur Paris où il fut hospitalisé successivement à l'hôpital V. G. 12 et à l'hôpital Messimy. Après avoir subi plusieurs curettages osseux, et avoir été soumis à l'extension continue pendant près de trois mois, le blessé n'était pas encore consolidé à la fin de juin 1916, et le foyer de fracture, malgré tous les traitements auxquels on avait eu recours, suppurait toujours abondamment. Il fut soumis à l'insolation progressive, suivant la méthode de Rollier, à partir du 20 juin 1916, et dès le 7 juillet il put faire régulièrement des séances quotidiennes de trois heures ; le 12 août, c'est-à-dire *après sept semaines d'héliothérapie totale*, la consolidation était complète et la plaie cicatrisée, alors que ce résultat n'avait pu être obtenu par huit mois de traitement dans une salle d'hôpital.

Une autre observation intéressante est celle d'un soldat d'infanterie, blessé à Carency en mai 1915. Une radiographie faite à son arrivée à Paris montrait un véritable éclatement du fémur, formant au niveau de son tiers moyen un amas informe d'esquilles grandes et petites, au milieu desquelles on distinguait de nombreuses, parcelles métalliques. Après deux mois et demi d'extension continue au cours desquels on enleva à deux reprises de nombreux séquestres mobiles, la consolidation fut obtenue, mais il restait une vaste perte de substance centrale, correspondant à la cavité médullaire de l'os, et communiquant avec l'extérieur par deux plaies fistuleuses ; en raison de l'importance de la destruction osseuse à ce niveau, il n'était guère possible de l'augmenter encore par une large trépanation, qui, pour réunir les deux brèches fistuleuses, aurait nécessité le sacrifice de plus de la moitié de la circonférence de l'os. Dans ces conditions il était bien difficile de réussir à combler la perte de substance centrale qui ne paraissait avoir aucune tendance à se réparer spontanément, et la guérison semblait bien problématique. Tout l'hiver suivant se passa sans aboutir à une amélioration notable, en même temps que l'état général était loin d'être satisfaisant. L'héliothérapie locale fut instituée d'abord, en mai 1816, et dès que la température le permit on lui substitua l'héliothérapie totale progressive, en plein air, suivant la méthode de Rollier. Une amélioration très appréciable se produisit rapidement, à la fois au point de vue local et au point de vue général, alors que, depuis des mois, l'état du fémur restait stationnaire d'une façon tout à fait décourageante. Des petits séquestres s'éliminèrent à intervalles plus ou moins espacés, la suppuration se tarit complètement, et, pendant que la perte de substance se comblait peu à peu, l'aspect du membre malade se modifiait avantageusement. Après deux mois d'héliothérapie totale, la cicatrisation définitive fut obtenue, et à la fin de septembre, le blessé rejoignit son dépôt complètement guéri.

Chez un soldat d'infanterie, blessé en octobre 1915 à Tahure, l'importance du résultat obtenu grâce à l'héliothérapie d'abord, et au radium ensuite, s'est augmentée notablement du fait que le brave garçon était déjà amputé de la jambe gauche lorsqu'il fut évacué sur Paris avec une lésion suppurée assez étendue de l'extrémité inférieure du fémur droit avec arthrite de voisinage. Après un grattage qui, pratiqué le 6 juillet 1916, permit l'ablation d'un assez volumineux séquestre, le blessé fut soumis à un traitement régulier par l'héliothérapie générale, pendant les mois de juillet et d'août, et au cours de ce traitement plusieurs petits séquestres s'éliminèrent spontanément. Pendant le mois de septembre les séances d'insolation furent assez espacées et elles durent cesser en octobre. Devant la persistance d'une fistule en rapport avec un point d'ostéite du condyle interne du fémur, je demandai à mon savant ami le Dr Dominici s'il ne jugeait pas à propos de faire agir le radium pour achever la guérison, que la cessation du traitement solaire ne nous avait pas permis d'obtenir complètement. Trois applications de radium faites à trois semaines d'intervalle furent suivies d'une cicatrisation définitive, et le malade put être évacué en décembre, entièrement guéri ; d'après les renseignements qui m'ont été donnés depuis, la guérison se maintient parfaite. C'est là un beau succès dû à l'heureuse action successive de l'héliothérapie totale et de la radiumthérapie.

Nous avons vu également plusieurs cas de fractures infectées des deux os de la jambe guérir en quelques semaines par l'héliothérapie, alors que leur état restait stationnaire depuis de longs mois, malgré des interventions répétées et malgré tous les modes de traitement employés.

C'est ainsi que le soldat d'infanterie V..., blessé le 7 octobre 1915 à Souain (plaies multiples infectées de la jambe droite, avec fracture des deux os) fut hospitalisé tout l'hiver suivant sans faire de grands progrès. Entré le 26 mai 1916 à l'hôpital 79, il y fut soumis à l'héliothérapie totale, suivant la méthode de Rollier ; il élimina, du 14 juin au 21 août, sept petits séquestres, et la cicatrisation complète fut obtenue à la fin de septembre.

L'exemple du capitaine M... est encore plus frappant. Blessé au début de la guerre, le 9 septembre 1914, au Mont Morel, il fut évacué sur Toulouse, où il arriva le 13 septembre, puis revint à Paris et entra à l'hôpital V. G. 12 au mois d'août 1915 ; je lui fis à ce moment une large trépanation du tibia, et la cicatrisation ne fit ensuite que de très lents progrès. Ce ne fut qu'après un deuxième hiver d'hospitalisation, qu'il commença à faire de l'héliothérapie, le 15 mars 1916 ; *huit semaines après le début du traitement solaire*, après avoir éliminé successivement un grand nombre de petits séquestres, il partit guéri, le 10 mai, pour reprendre bientôt du service.

A propos de ces nombreuses éliminations de séquestres que nous avons fréquemment observées, rappelons que M. Rollier a insisté sur l'action du soleil au point de vue de l'élimination des séquestres dans les lésions tuberculeuses ; cette influence lui paraît tellement active qu'il a renoncé à intervenir chirurgicalement pour extirper les séquestres, et il estime que « l'organisme aidé par les radiations solaires, sait, avec la précision la plus absolue, séparer ce qui est susceptible de vivre de ce qui doit être éliminé ! » (1). Mais il n'en intervient pas moins, comme nous l'avons dit, dans les ostéomyélites aiguës, en raison des différences essentielles qui séparent celles-ci des ostéites tuberculeuses, et ce n'est qu'après une large trépanation qu'il emploie l'héliothérapie, comme traitement post-opératoire de choix.

Dans un cas d'ostéomyélite diffuse du tibia consécutive à une fracture itérative, les bains solaires ont réussi à sauver un membre qui ne paraissait pas devoir éviter une amputation. Il s'agissait d'un tirailleur algérien blessé dans la

(1) Rollier, *La cure de soleil*, p. 92.

Marne le 4 septembre 1914 et évacué directement sur Paris, avec une fracture ouverte du tibia. La consolidation s'était faite assez rapidement et le blessé fut évacué de l'hôpital de Mme Messimy sur l'hôpital auxiliaire 79 (fondation Hyde), dirigé par le regretté Dr Whitmann. En février 1915, il fit un faux pas et se fractura de nouveau la jambe. Une ostéomyélite aiguë du tibia se manifesta, avec phénomènes généraux très graves, donnant lieu bientôt à une suppuration diffuse, avec fusées purulentes dans les gaînes tendineuses et phlegmon diffus de la jambe. Évacué de nouveau sur l'hôpital V. G. 3, il subit plusieurs interventions successives, après une large trépanation du tibia. La réparation osseuse fut extrêmement lente, et, malgré les divers traitements employés, plusieurs foyers de suppuration persistaient, sans tendance à la guérison, l'état général du blessé restant d'ailleurs tout à fait défectueux. Dans ces conditions l'opportunité d'une amputation fut envisagée à plusieurs reprises et le blessé lui-même la réclamait, fatigué d'un séjour au lit de quinze mois. L'héliothérapie générale fut commencée en juin 1916, à l'École Polytechnique, et continuée presque sans interruption en juillet ; à la fin de ce deuxième mois de traitement solaire, le blessé fut évacué sur l'hôpital auxiliaire 79, où il put continuer les bains de soleil dans d'excellentes conditions en août et pendant une partie de septembre. Lorsqu'il fut rapatrié en Algérie, au mois d'octobre, la plupart des trajets fistuleux étaient cicatrisés, et l'état général du blessé était absolument parfait, ainsi qu'on peut en juger sur une des photographies que j'ai fait reproduire (fig. 4).

Chez plusieurs blessés atteints de fractures infectées des deux os de l'avant-bras, nous avons également employé avec succès l'héliothérapie totale suivant la méthode du Dr Rollier, notamment dans un cas grave que nous avons eu à soigner chez un soldat de l'infanterie coloniale, blessé le 28 septembre 1915, et évacué successivement à l'hôpital V. G. 12 et à l'hôpital V. G. 3, où il fut soigné pour une fracture très infectée, avec nombreuses fusées purulentes, qui nécessitèrent des débridements étendus. Il y avait sur les deux os de l'avant-bras une perte de substance osseuse assez considérable, sans aucune tendance à la réparation. Après huit mois de traitement, le résultat obtenu

Fig. 9. — Moignons d'amputation traités par l'héliothérapie totale à l'Hôpital 79.
(Photo Domon).

n'était guère brillant et il persistait des trajets fistuleux intarissables ; l'héliothérapie générale fut commencée en juin 1916 et continuée en juillet et août ; à la fin du mois d'août la cicatrisation était presque terminée et elle le fut définitivement dans le courant du mois de septembre.

Parmi les lésions ostéo-articulaires gravement infectées que j'ai vues guérir sous l'influence de la cure solaire, je dois citer le cas d'un soldat de l'infanterie coloniale qui, blessé en Champagne le 28 septembre 1915, arriva à l'hôpital de Mme Messimy le 1er octobre, présentant une plaie infectée du bras droit avec lésion limitée de l'humérus, sans fracture, et une arthrite suppurée du genou, qui nécessita une arthrotomie large et où l'on constata la présence du *perfringens*. Le blessé présenta tous les signes d'une infection générale des plus graves, avec hématuries, vraisemblablement déterminées par de petites embolies rénales, et albuminurie consécutive, qui dura plusieurs mois et se manifesta par un œdème considérable des membres inférieurs et de la bouffissure du visage. Le blessé passa tout l'hiver dans un état précaire, surtout au point de vue de l'état général, mais dès que l'on put, en mai et juin, commencer à le soumettre au traitement héliothérapique, une rapide amélioration se produisit, et à la fin d'août, lorsque le malade fut évacué sur Ecquevilly, ses plaies, qui avaient si longtemps suppuré, étaient cicatrisées, l'albumine avait disparu, et l'état général était excellent. Nous avons eu l'occasion de revoir ce blessé quelques mois plus tard et nous avons pu constater que la guérison s'était parfaitement maintenue.

Un autre cas d'arthrite suppurée grave dont la guérison a été singulièrement hâtée par l'héliothérapie, est celui d'un soldat d'infanterie blessé le 30 juin 1915 aux environs de Vienne-le-Château, évacué le 2 juillet sur un hôpital de Bar-le-Duc, puis le 27 juillet sur l'hôpital V. G. 12 à Paris, et enfin le 7 mars 1916 à l'hôpital V. G. 3. Il s'agissait d'une arthrite suppurée de l'épaule, avec destruction de la voûte acromio-claviculaire, qui nécessita trois interventions, à quelques mois d'intervalle. Lorsque le blessé entra à l'École Polytechnique, le 3 mars 1916, il présentait un trajet fistuleux par lequel s'éliminaient encore, de temps à autre, quelques petits séquestres ; l'état général était médiocre. Le blessé put être soumis à l'héliothérapie dès la fin d'avril et pendant une partie du mois de mai; il quitta bientôt l'hôpital complètement guéri.

Nous avons eu également l'occasion de traiter par la cure solaire plusieurs cas de résection de l'épaule, pour arthrite suppurée, et la guérison a été obtenue rapidement grâce à l'action bienfaisante des bains de soleil.

J'ai pu enfin constater à plusieurs reprises l'efficacité du traitement solaire sur la cicatrisation des moignons d'amputation, avec fistules osseuses, comme nous en avons soigné un assez grand nombre chez des amputés évacués de la zone des armées. C'est ainsi que nous avons vu guérir en quelques semaines, en juillet et août 1916, à l'hôpital auxiliaire 79, un soldat blessé en Alsace à la fin de décembre 1915, amputé de cuisse pour gangrène, et atteint d'ostéite du cubitus, restée fistuleuse, ainsi que deux autres amputés dont les moignons fistuleux ont été bientôt cicatrisés sous l'action des grands bains de soleil (fig. 9).

Ce sont ces résultats si encourageants que mon vénéré maître le professeur Edmond Perrier a bien voulu communiquer à l'Académie des sciences (1), en insistant sur l'intérêt qu'il y aurait à généraliser l'emploi de la méthode de Rollier dans la plupart des formations sanitaires, cette pratique pouvant être réalisée partout, sans aucune installation spéciale.

Il est à souhaiter, en effet, que l'héliothérapie totale se vulgarise davantage en ce qui concerne le traitement des blessures de guerre. Il est hors de doute, comme l'a dit M. Rollier, que « dans la thérapeutique chirurgicale et orthopédique déjà appliquée pour les rééducations motrices et pour la chirurgie plastique, *la cure solaire peut et doit rendre d'importants services* ».

L'emploi de cette méthode, si simple à appliquer et si féconde en résultats, permettrait d'abréger considérablement, dans beaucoup de cas, la durée du traitement des blessures de guerre, et contribuerait pour une grande part à diminuer le nombre des inaptes et des infirmes.

(1) Cazin. De l'héliothérapie totale dans le traitement des blessures de guerre. *Comptes rendus de l'Acad. des Sc.*, t. 164, 7 mai 1917

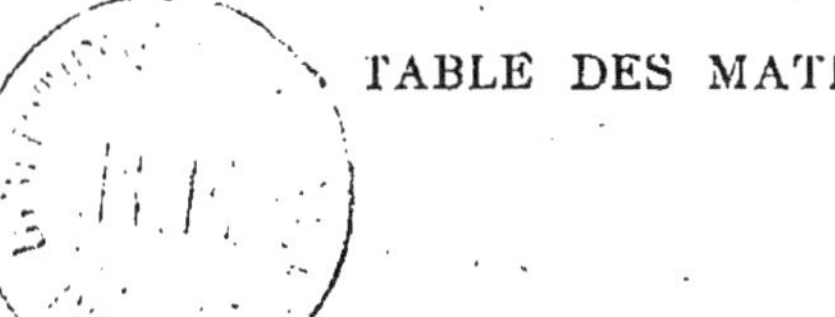

TABLE DES MATIÈRES

MAYENNE, IMPRIMERIE CHARLES COLIN

MAYENNE, IMPRIMERIE CHARLES COLIN

www.ingramcontent.com/pod-product-compliance
Ingram Content Group UK Ltd.
Pitfield, Milton Keynes, MK11 3LW, UK
UKHW022122190726
13855UKWH00003B/1013